『愚者』知言

李仲轩 著

国际文化出版公司
·北京·

图书在版编目（CIP）数据

“愚者”知言 / 李仲轩著. —北京：国际文化出版公司，2023.1

ISBN 978-7-5125-1471-3

I. ①愚… II. ①李… III. ①人生哲学—通俗读物 IV. ① B821-49

中国版本图书馆 CIP 数据核字（2022）第 217685 号

“愚者”知言

作　　者	李仲轩	
责任编辑	张　茜	
出版发行	国际文化出版公司	
经　　销	全国新华书店	
印　　刷	天津中印联印务有限公司	
开　　本	880 毫米 ×1230 毫米	32 开
	7.25 印张	131 千字
版　　次	2023 年 2 月第 1 版	
	2023 年 2 月第 1 次印刷	
书　　号	ISBN 978-7-5125-1471-3	
定　　价	68.00 元	

国际文化出版公司

北京朝阳区东土城路乙 9 号　　邮编：100013

总编室：（010）64270995　　传真：（010）64270995

销售热线：（010）64271187

传真：（010）64271187-800

E-mail：icpc@95777.sina.net

目录

爱自己

通过当下的发生，看见自己的内心，放松下来，连接自己，拥抱自己。

1

当我们否认别人时，

就是在对抗自己。

一个不接受自己的人，

就会去对抗整个世界。

当我们去对抗别人时，

首先要确认自己内心的感受是怎样的，

要去欢迎、接受、允许这个难过、痛苦、对抗的能量。

当我们欢迎、接受、允许时，

感受生命状态的能量就开始流动了，

当这份能量经由我们流走时，

我们就会有全新的体验、全新的感觉、全新的生命及全新的活法。

2

接受真实的自己是最有灵性的存在。

接受真实的自己是最好的艺术。

接受真实的自己是最好的创造。

接受真实的自己是真相的表达。

接受真实的自己，是最好、最快的成功方法。

帮助别人看见真实的自己才是真正的自我救助。

接受真实的自己，就是把最好的爱带给了自己。

3

生命即欲望，

有好有坏，有苦有甜，

有生有死，有伤心有痛苦。

欲望它无好无坏，

它既是好又是坏。

当我们不再执着于好坏、对错以及伤心、开心时，

就是对生命最好的尊重，

也放下了对生命的抗拒。

当我们放下好坏、对错时，

就放下了对生命生死的执着，

成为全新的自己。

4

自私的人往往是没有自我的，过往没有人在乎他的感受、他的声音、他的状态。

当他长大成人之后，他只会关注自己的渴望、自己的需求，不会关注别人、关心别人，只在意自己，他是在通过自私保护自己。

其实他也很不接纳自己的习惯、自己的所作所为，觉得那些不好，但又不知道该怎么办，于是在内心对自己进行深深的批判和指责。

自爱就是去看见自己当下的状态，接受自己的所作所为，不再批判、指责自己。

当一个人会爱自己时，就打开了爱的开关，开始尝试爱他人。

5

这个世界上没有懒人，

没有不负责任的人，

也没有不够积极、不够坚强和不够坚持的人，

更没有不愿意改变、固执的人。

我们只是不敢跟随内心的热情，

不敢表达内心的渴望，

才会变得逃避、压抑、迷茫、无聊。

越是沉迷于过往的人，

内心的伤痛越大。

越是逃避，

内心越难过。

接受内心的伤痛，

做一个自由自在、无忧无虑的人吧。

6

空虚、无聊、迷茫，一直都在，
是探寻生命意义的契机。
无论你怎么努力都无法逃离它们，
你要爱上它们，
深深地感受它们，
敞开心扉拥抱它们，
它们将是你生命中最精彩的时刻。

所谓的爱情，就是接受自己空虚、无聊、寂寞的过程，而你是自己最好的灵魂伴侣。

我们都是摆渡人，
都在寻找心灵的港湾，

而它就在当下。

“观照”当下，连接内心，

与万物连接，和万物合一。

7

任何试图逃避痛苦和难过的方法终将毫无用处。

你唯一能做的就是臣服于你的心，感受自己的脆弱，这才是你唯一的道路。

该吃吃，该喝喝，该享受就享受，
因为一切终将过去，
不盼明天，不期未来，
关注当下，做回自己。

8

信任是生命的根源，

当我们信任当下的发生时，

生命会更加流动，更加有力。

当我们信任过往的发生时，

我们多了一份资源，

同时也多了一些成熟。

当我们信任未来时，

未来会以我们信任的样子、信任的状态呈现在我们面前。

当我们不信任自己时，

人生就会左右摇摆，漂浮不定，

所有的问题也就出现了。

当我们怀疑自己时，
就和当下生命失去了连接，
也会错失过往的资源及未来的梦想。

对自己信任，生命则会悄然流动。

9

爱让我们一直紧紧地相连。
你难过的时候，我也在伤心，
我不知道怎样让你更幸福，
我能做的是和你保持距离，
我害怕我的逃避会伤害到你，
所以选择离开。
如果你能探寻到幸福的道路，
我会很开心。
如果你没探寻到自由的路，
我不忍心看到你难过，
所以我要和你保持距离，
但我们从来没有分开过。

我知道，你很难过，怪我没有陪伴你，没有照顾你，没有给到你渴望的爱。

如果你没有探寻到自由之路，

我接受你错怪我一生，

但我不希望你成为受害者。

如果你能探寻到幸福自由之路，

我在那里一直等着你，在田园中，在欢乐中，我相信有一天你会到来。

因为我们从未分开过。

我是爱，爱是你。

10

当我们刻意地把自己伪装成一个高贵、端庄、大气、靓丽的样子时，往往是因为我们不接受自己的邋遢、无力、混乱、迷茫的状态。

那高贵就不是真正的高贵，更没有艺术；
端庄也不是真正的端庄，缺少点灵动；
靓丽也不是真正的靓丽，不够潇洒。

只有当我们想邋遢的时候可以邋遢，想无力的时候可以无力，想迷茫的时候可以迷茫，高贵才会变得更加真实，大气才会从内在发生，端庄靓丽才会发自内心。

11

生即死，死即生，
结束是全新的开始。

当你安静到没有杂念时，
你会发现一切都是那么美好，
一切都是全新的，
真实的自己就显现了，爱也就出现了。

当我们头脑当中充斥着各种各样的杂念时，我们身体当中各种各样的压力、挑战也随之而来了。

大部分的问题都是自己想象出来的。
生即死，看似在活着，
却在深深的迷茫中。

12

一个人融入不了整体，
是因为自我对抗、自我否定。

越是否定自己，就越对抗爱，越对抗圆满。

停止对自己的伤害，停止对自己的批判和指责，就是暂停了世界对自己的批判和指责，就是在接受着世界的爱和身边人的爱。

爱自己就去接受当下的自己，照顾好当下的自己。

13

很多时候我们对快乐感到羞愧。

快乐对于很多人来说，是一种背叛，是一种傻的表现。

“父母正在痛苦当中，你怎么可以这么开心呢，你考虑过父母的感受吗？”

“是的，我真不懂事，只知道玩，从来没想过自己的父母，我要好好听话，好好学习，不应该天天傻乎乎地只知道玩，我要好好地干活，不应该这么快乐。”

当我们连快乐都觉得不应该时，

人生就只剩下痛苦了。

所以很多人活得很无奈，很无力，很压抑。

这好像并不是真相，

你用自己的想法把自己压抑住了。

当你开心、快乐、幸福时，去注意一下头脑当中的想法及身体的状态是什么样的。

当你意识到头脑中指责、批判的声音时，接受它，欢迎它。

如果身体呈现出来紧张的状态时，
给自己一些空间，
深呼吸、放松，让自己平静下来。

真实的你是无忧无虑、开开心心、到处玩耍、到处交友的。

当你和自己的生命连接上时，
就会开心、快乐、自由、真实、有力量，活得很洒脱。

14

爱过就不会怕有伤痛，

来过就可以轻松地挥手告别，

信任就不怕怀疑，

坦荡就不怕冤枉，

那些真正活过的人就不会有遗憾。

认真对待的每一个旅程都不会有错失，

生命在那一刻得到了尽情的释放及享受。

生命是流动的，

它不会错失，不会错过，

错过的是你的想法，

错过的是自己的感受。

规划好自己人生的旅程，
找到人生的方向，
尽情地追寻，尽情地享受，
尽情地释放，尽情地感受，
人生就完整了，圆满了，
爱就来到了当下。

15

唤醒内在本已充实的自己，
唤醒沉睡的心灵。

最大的功德，莫过于唤醒沉睡的人们。
最大的挑战，也是唤醒。

唤醒是最好的教导，
又是最高的智慧。
它是阴与阳的结合，
它是力量和脆弱的距离，
它是圆满和缺失的距离，
它是爱与不爱的和谐，
它是自己与自己的区别。

大多数的人心门紧闭，失去自己，都是因为批判、指责、抱怨、期待、渴望、对比，以及夸奖时要么不用力，要么用力过猛。

唤醒自己及别人最好的方式是看见、听见、感受到、允许、信任、连接、接纳。这些会让一个人放下内心的紧张、对抗，从而放松下来。当放松下来，就能连接上自己，做回自己。又或许会连接上自己内心的渴望，渴望代表人生的方向，跟随着内心的渴望，会遇见内心的大道及全新的自己。

16

连接当下的自己，

看到过往的伤痛，

接纳它，拥抱它，欣赏它。

听到过往伤痛背后的渴望，

感受它，赞许它，和它同在。

连接当下的自己，

倾听头脑当中的声音，

感谢它，尊重它，成为它，放下它，和它保持距离。

连接当下的自己，

看见全新的未来，欢迎它，倾听它，谢谢它，让它成为你最好的伙伴。

只有做回了自己，

才不会被过往的伤痛所主导；

只有做回了自己，

才能信任当下的发生；

只有做回了自己，

才能看破一切的虚幻，才能和自我互动。

让心主导，头脑只是辅助。

只有做回自己，才能看见世界。

17

当我们放下头脑当中的对抗时，
才会有全新的改变。

一个充满对抗的头脑，
是感受不到当下的，
只会沉浸在过往的记忆中，被情绪主导着，
变得无力、痛苦、压抑。

当我们放下头脑当中的对抗时，
才会放松下来。
当放松下来，
成长会自动发生。

放松是成长的开始。

18

真爱是自私的，

真爱是独有的。

想想看，你为何喜欢那些你认为很有魅力、很值得欣赏的人呢？

你为何喜欢那些好看的电影呢？

你知道，那些有魅力的人都有自己的方向，都知道自己要什么和不要什么。他们对于自己不喜欢的东西连靠近自己的机会都不给，对于自己喜欢的东西是深入、深入，再深入。

当你爱自己，

爱上自己的独特之处时，

当你散发光芒时，

周围的人也都会喜欢你，爱你，被你吸引。

19

为什么我们无法从头脑中抽离，被头脑牢牢抓住？

头脑里到底有我们渴望的什么东西？

——开心、自由、安全、被看见、爱、连接。

还有什么呢？

为什么我们会逃避当下？

逃避当下的什么呢？

——无聊、气愤、紧张、烦躁、焦虑吗？

当我们无法逃避头脑时，

就被内在的感受紧紧地抓住了。

感受自己的感受，

是放下自由、爱、被看见等最好的方法。

当我们不去感受内心当中的压抑、烦躁、焦虑、无聊、孤独时，就会被头脑牢牢地控制住。

拥有越多，体验越少。

体验越多，放下越多，自由的空间越大。

20

我们很多人的修行都是在头脑当中修行，知道了一堆概念：我是完整的，我是圆满的。

我们很多人的成长都是在头脑当中成长，但实践才是检验真理的标准。

学以致用，学了不用，为什么学呢？那些真正成功的人，能够马上把学到的东西讲出来、用出来，最终活出来。

修行的目的是什么，
不是为了上山、下山、打坐、念经；
成长的目的是什么，
不是为了知道我是一切，一切是我，我是爱，爱是我，
而是为了做回自己，成为更好的自己。

21

每个人都是无限的创造者，

每个人都有爱，

只是我们忘记了自己。

人生最大的成就，

就是记起自己是谁，

连接上自己，

成为自己。

把当下的每个发生都当成唤醒自己的发生，接受当下，成为平静、祥和、自由自在的自己。

22

接纳自己的不接纳也是生命中重要的部分。

人生就是一场经历，

是每一个发生的组合。

有过去，有未来，

有接纳的，也有不被接纳的，

是过往每一次的发生推动着自己来到当下，来到此刻，成为现在独一无二的自己。

如果你接纳了生命中所有的发生，你还怎么展开接下来的人生，怎么经历未来生命中的发生呢？

接纳自己的不接纳是你慢慢展开、慢慢成长，成为独一无二的自己的最好方式。

生命中最无助、最黑暗、最绝望的时候，恰恰是你最精彩、最光明、最有力的时刻，也是你未来最大的资本。

23

有意识的一天，该怎么度过？

昏昏沉沉地度过了一天，
迷迷瞪瞪地度过了一年，
不知不觉地度过了一生，
回头时才发现生命是多么精彩，
人世间是多么可贵，
活着是多么幸运。

很多时候我们都在错过，
爱人的错过，
亲人的错过，
热爱的事情的错过，
美食的错过，

健康的错过。

我们这一天都是怎样度过的？

这一生又是怎样熬过的？

太难了！

问自己：

每天什么时候是开心的？

什么时候又是难过的？

开心的时候做些什么比较好？

难过的时候又做些什么比较好？

我们花了太多时间在工作上、手机上、家庭上，很少停下来关注一下自己，连接一下自己，拥抱一下自己，抚摸一下自己，跟自己待上一会儿，安静地喝一杯水。

除了开心的时候、难过的时候，人生也包含着现在、过去和未来。现在也包含着过去及未来。

花点时间去看一下过往，

清理一下自己的伤口，

一切都是自己。

可以收拾房间，打扫卫生，洗洗衣服，整理一下自己的形象，等等。

也为自己的未来规划一下，
想想自己渴望的未来。

渴望的样子是怎样的？

渴望成为的自己会怎么说话，怎么走路，需要怎样的环境，需要怎样的态度，需要怎样的身体素质？

在当下去想象，去练习，去规划自己一天的生活、工作，去调整自己的身体、态度。

清楚地知道自己的一天该如何度过。

如果你有意识地过上属于自己的一天，有意识地过上一年，人生会是怎样的，家庭会是怎样的，身体又会是怎样的？

当你有意识地过了一生，
你会发现你创造了全新的生命，
会成为不朽，成为永恒。

意识是一切，

有意识才有意义，

有意识才是真正地在活着。

24

生活不会因为你做得好或不好，给到你相应的回报。

你做得好或不好，爱你的人会爱你，不爱你的人也不爱你，所以不管如何讨好他人、委屈自己，都不会获得不爱你的人的爱。

既然喜欢你的人会喜欢你，不喜欢你的人会不喜欢你，那么你要做的就是如何让自己更开心、让自己更快乐，如何爱自己，如何连接自己，如何找到自己渴望的东西、渴望的生活，如何绽放自己。

当你把注意力放在自己身上，爱上了自己，跟随了自己内心的渴望，接纳了自己，别人才会和你一起舞动，世界才会把所有的美好都给到你，生活才会眷顾你，生命才会敞开，人生才会更自由，一切的美好就会随之而来。

25

有时候，总想找个角落躲起来，抱着自己哭一场，内心有很多的委屈和无奈，这也许是当下最好的方式。

我们太少关照自己了。当难过、伤心时，也不知道怎么应对，不知道怎么办才好。

有时候也要强颜欢笑地面对外面的世界。人生总有太多无奈，太多选择，每个人都不可能面面俱到，你有做得好的时候，就有做得不好、做不到的时候。

当你做得不好、做不到的时候，难免会伤心和难过，后悔和自责。就像我们每个人内心深处都想要玩，不想安安静静地坐在那里，听从内心真正的指引，导致做了很多错误的决定。

我们的确想玩，但我们也渴望安静，多加注意一下就会发现，往往我们对自己玩性的部分不够接纳，进而批判、指责自己玩性的部分。越是这样，就越被它主导，每天匆匆忙忙地工作，打理一下自己的事，就开始玩了。

当我们一直被玩主导时，就会错过很多，也会做出很多错误的事情，这个时候我们内心就会充满自责和内疚，伤心和难过，最后的结果就是委屈地一个人待在那里痛苦。

允许、信任、接纳自己贪玩的部分。它是没被爱转化的力量，它的能量非常强大。如果你不去接受、转化它，就会被它主导。

它也需要爱、陪伴、赞美和肯定。只有我们欣赏自己内在贪玩的部分，才不会被它主导，才能放松下来，平静下来。

让我们放松下来，平静下来，倾听内心的指引。放松、平静也是我们生命中的一部分，它代表着智慧、圆满、完整、爱。

当我们能放松下来倾听内心的指引，自然而然就活在了圆满之中。

26

每一个不好的想法，都是对自己最大的伤害。

攻击对应的是怀善念，
念头改变，问题不见。

抱怨对应的是多付出，
多干点活，啥事都没有了。

指责对应的是多看见自己，
我们最需要看见的人是自己，
成天把注意力放在别人身上，
缺少对自己的看见及感受。
每天自我观察、感受自我，
很多问题都会消失。

委屈对应的是接受，

如果自己都不接受自己、爱自己，那问题自然出现。

回到当下，

回到自己身上，

这才是治愈的根本。

27

能照顾好自己的人，
才是最有力量的人。
能照顾好自己的人，
才是最有爱的人。

你可以尝试一下，不控制、不索求、不期待，不论外在发生什么都能尊重、允许、信任。

有些人照顾别人，
也希望别人照顾自己；
关注别人，
也希望得到别人的关注；
对别人好，
也希望别人对自己好；

赞美别人，

也想得到别人的认可；

对别人微笑，

也渴望别人的欣赏；

怨恨、指责别人，

也是希望得到别人的爱。

但如果别人没照顾好自己的需求，

就会有指责和抱怨。

如果时刻能保持一份“觉知”，不索求、不期待、不控制，就做回了自己。

做回自己就会有爱、慈悲、信任、尊重、允许，这才是改变，才是力量，才是真正的自由自在。

28

一个人越是不接受自己，

就越想着满足别人的渴望；

越是想着满足别人的渴望，

就越和自己失去连接；

越是和自己失去连接，

就会变得越混乱，越无力；

越是无力，

就越批判自己；

越是批判自己，

就越无力前行，

越是做不好，只能靠表演来欺骗别人，只能靠讨好别人、满足别人的需求而活。

最好的办法就是停下来，感受自己的混乱，接受自己的无力，看见自己，给自己一些时间，通过呼吸、接纳、允许、信任来让自己放松下来。

放松下来，就有了力量照顾自己，打理自己，规划自己。

规划好自己，
就放下了过往的伤痛，
就爱上了自己，
就爱上了自己的生命道路。

29

有些人安静下来，向内看时，

会发现最对不起的人就是自己。

离自己最近的就是自己，

但却把这个离得最近的自己搞丢了。

他难过没有人倾听，他痛苦没有人看见，他伤心没有人能理解，最后他失望，他放弃了，就助长了贪婪自私的生长。一切的痛苦就此开始了。

所有事物都是相互关联的，

任何一件事都在反映着自己的一切。

能照顾好自己的人，

让自己放松下来的人，

就能打理好一切。

自己与自己

打开心门，深入内心，连接无限精彩和轻松自在的人生。

1

绽放的人生是怎样的，我不知道。

——也许花朵能告诉你。

我羡慕花朵它可以完全地敞开，

敞开的花朵向人们散发着香味，

向世界绽放着它的美，

而那也是花朵最脆弱的时候，

随时面临着凋谢及人们的采摘，

但它毫无畏惧，

至少它来过，它活过，它盛开过。

而一些人也想盛开，

但太惧怕失去，太害怕危险，太害怕伤害，

导致一生都在萎靡中度过。

去接受、看见内心的恐惧及伤痛吧，

绽放出自己全新的生命状态，

活出不一样的自己。

花儿就在你心中，绽放吧！

2

在适合的年龄，没有做该做的事，

在适合的地方，没有说该说的话。

太阳当空照，你在睡大觉。

夜晚降临了，准备出门了。

本末倒置，颠倒黑白。

你创造了一个虚假概念的全新自我，

在自己创造的虚假空间中虚度光阴。

知道自己是谁，知道自己在哪里，

才是最好的开始。

3

越是缺爱的人，就越逃避爱，因为他害怕承诺，害怕承担，害怕负责。

越是逃避，内心就越焦虑，越无法安定下来；越是无法安定下来，就越向外追寻；越是向外追寻，就越会给自己带来更多的混乱、压力和矛盾。

这样会恶性循环下去，直到对人生失去了信心，在无聊、迷失中度过自己的一生。

真正活在爱当中的人，在经历人生时，勇于接受挑战，敢于接受内心的无聊及焦虑，直面自己内心的愤怒和脆弱，能够放下内心的伤痛，化茧成蝶，蜕变重生，脱胎换骨，成为全新的自己。

4

每一次失败、伤痛、挑战、苦难都是人生中最深入、最难忘、最深刻的教训。

而其真正的价值在于我们能从中总结经验，凝结智慧。

每一段经历、每一份压力、每一次失败，都在指向某种深刻的道理及真相，所以那些有故事、有智慧、有内涵、懂真理、活得真实的人，只是比你经历的黑暗、比你的压力、比你的伤痛多一点而已。

你的经历是你最珍贵的资源。

5

当我们忽略了自己的存在，

就加强了他人带给自己的痛苦。

当下是因，当下是果，

内在是因，外在是果，

自己是因，世界是果。

当下能够意识到自己的存在，也就能知道自己是如何创造出外在的境遇了。

当不再加强外在的痛苦、压力时，

慢慢地，压力、痛苦、挑战也会开始从我们身边离开，随之而来的便是幸福、自由、爱。

6

一个不断接纳自己的人，

他的生命道路会越来越顺畅。

内在的容量越来越大，

外在的表情也越来越放松。

一个自我对抗的人，

在自己的生命道路上也会磨难重重，

内在的压力会无意识地伤害到自己的身体，也影响了身边的人。

重建自己生命的道路是一段不断接纳自己的过程。

把当下的挑战、障碍变成你接纳自己的功课、修为，美好的人生也会随之而来。

7

生命不是一份承诺，更不是一份压力。

但生命是一份责任。

承诺可以让我们更有爱，更温暖，但如若只是为了承诺而承诺，那将会让我们失去自由，失去力量。

没有谁能真正为你负责，也没有人能真正给你承诺。因为一切都在变化着，一切都在流动着，每一刻都是不一样的，每一刻都是全新的。

8

我们都在活着，

但一些人是没觉知地活着，

不知不觉地活了一生，

一生在遗憾、失望、痛苦中度过。

当我们带着觉知生活时，

生命是活生生的，是自然的，是流动的。

当我们带着觉知生活时，

世界就变成了舞台，

自己就成了导演及主演，

无论想活出怎样的生活都可以主导及体验了。

生命就是一场精彩的盛宴。

成为“观照者”，带着“觉知”生活吧！

9

不要看别人的笑话，

不然自己很快就会变成笑话。

讲的所有的故事，

自己都将成为故事中的主角。

生命远比你想象的更“大”、更有智慧，

要保持一颗善良、谦卑、感恩的心。

时刻觉察自己的起心动念，

否则石头会砸到自己的身上。

你无情的语言会像飞镖一样刺穿自己。

若要谈论别人的不好，

自己要穿厚点。

10

我们就像海里的浪花，一直连接在一起，

每一朵浪花都不一样，

但从远处看又是一样的，

潮起潮落，时而风平浪静，时而惊涛骇浪。

离近一点去观察一朵浪花呢，

你能感受到它的独特、它的存在、它的流动、它的温度、它的深入及完整。

当我们“观照”自己的生命时，

也能感受到融合、流动、爱、自由。

去深入自己，

让你的生命变得更有意义、更加流动、更加完整及有爱。

11

当你看着时光流逝、生命老去，

对生命意义的探寻该有了答案吧！

也许一些人在离去的时候还在挣扎着，痛苦着，抱怨着人生的无奈、命运的折磨。

看潮起潮落，看花开花落，看生老病死，看人生无常，一切都在自然地发生着。

真正让我们痛苦的就是自己，

如果你能放下内在的执着，

外在自然解脱。

12

一切深入的东西都是内心深处的表达、与生命的连接。

只有连接美，才能美，
只有连接生命，才能创造活生生的感觉。

生活并不是表层的、肤浅的、孤独的，
生命是有连接的、深入的、精彩的。

如果你的生活很表面，很肤浅，很孤独，很痛苦，那一定缺少了和生命的连接。

放松下来，
连接生命，
成为一切的表达。

13

有阴有阳，

有真有假，

当你知道你不是一个单一的存在，你是完整本身，你说的时候，你也在听；你给予的同时也在得到；你索取的时候也在失去；你对抗的时候也在恐惧。

你的意识和潜意识是同时存在着的，

当你的意识很清醒，

潜意识就无法主导自己。

当你没有清醒的意识，

就会被潜意识主导。

你的内心才是自己最好的引导者。

深入内心的无限，

跟随生命的流动。

14

每往前走一步，

就能认识自己更多的不足，

而后退一步才能更清楚地看见这一切。

思维是局限的，

而真正的自己是无限的。

别用你有限的认知，

束缚住了自己无限的可能。

你是创造者。

新的发现会有新的创造。

15

“我知道，但就是做不到。”这是我们最常说的。

你感知到什么了？

你知道你为什么知道却做不到吗？

知：是感知。

有时候你会莫名地有不祥的预感，或者有时候你会莫名地感觉有好事发生，结果就会这样发生。

而人们把这个“知”当成了一份认识，

认识是过往的一份经验，

而这份经验也不是自己的，

是从别人那里学到的。

我们都在用过往学到的知识过生活，忽略了当下的存在。

当忽略了当下的生命，

当忽略了生命的提醒，

盲目跟随从别人那里获得的“知”，

就是在违背当下生命的提醒。

所以，你所说的“知道”是本末倒置的道，

是停止，是没有流动的道。

道是生命，是规律，是方向，是在当下的流动。

知道却做不到，是没有觉察到自己当下的混乱、迷茫、压抑。

当安静下来，

“觉知”内心的提醒，

外在的结果和内心的提醒是一致的，

跟随内心的提醒，

也就通向了大道。

16

当你深入内心去探寻，

你会发现发生的很多事情都是自己渴望的、想象的。

生命是一场智慧的盛宴，

即使你对生命的密码一无所知，

你也一样可以活出全新的自己。

前提是你要对当下的每个发生都持有放松、平和的态度，

否则就可能成为命运的受害者。

在我们还是个小孩子的时候，我们是无意识的，会无意识地认同，无意识地对抗。

当我们处在无意识中时，

就陷入了深深的沉睡之中。

对当下的发生保持“觉知”，

不盲目认同，不盲目执着，不盲目对抗，

就进入了深深的融合、圆满之中。

17

人生就像一个圆圈，

我们都在拼命向上爬行，一路恐慌，忐忑不安地前行，慢慢爬到了一定的高度，更是恐惧、孤独，也没有参照物，四处张望，心惊胆战的。

慢慢地，来到了下滑的时候，内心后悔、自责、抓狂，有很多人接受不了从万丈高楼上下来，就选择自杀了；大部分人尽管失望与不甘，依然会拖着疲惫的身躯前行；而有一些人，当走到了来时的路，和最初的自己相遇了，发现这个圆不是线，而是完整本身，是平面的，在这里想干啥就干啥，开心快乐地在这里游玩、流动，自由自在，人们称这种人“悟道了”。

18

注意力在什么地方，

结果就在什么地方。

痛苦是一颗种子，痛苦是在你想起它的时候才有的，当你放下时就解脱了。

要去觉察自己的意识在什么地方。

然而我们很多时候都没有明确的方向，把自己的注意力放在问题上、疾病上、匮乏上、痛苦上。

因为人的本性是追求快乐、逃避痛苦，所以就创造了一切混乱。要知道在你问题背后存在的意识。

你可以尝试着跟随你的呼吸，慢慢地“觉知”到吸气时停顿的空间、呼气时停顿的空间，而这个停顿的空间就是意识，即真我。慢慢地，你可以觉察到，想法后面的意识，情绪后面的意识，身体后面的意识。

意识到自己的意识，即觉醒；意识到自己的意识，就放下了所有的痛苦；意识到自己的意识，即开悟。你的认知就改变了，你会发现一切的背后都是深深的爱、宁静、无限，所有的存在都是在空间、爱、宁静、无限当中发生的，所有的体验都是在无限中创造出来的。

当觉醒之后，你会发现一切都是空性的存在，不再执着于自己的想法、情绪、身体，就会跟随当下，跟随自然，活出自由自在的自己。

19

人这一生，会经历很多很多的悲欢离合、喜怒哀乐、酸甜苦辣，有很多很多的发生用语言无法表达，只能在心里默默感受。

在某个时刻突然听到了一首歌曲，或是看了一场电影，会陷入很深的情绪之中，会跟随音乐连接到内心深处的感动，觉得仿佛有人理解了自己，看见了自己，可能泪水会在眼眶里打转，把自己无法用语言表达的情感释放出来了。

当我们的内心充满着无法表达的情绪时，孤独时，压抑时，不如停下来，好好听几首歌曲或看一场电影。用音乐的旋律或是电影的画面连接内在无法言语的情绪，通过音乐深入内在，让内心流动。

看见自己，疏通自己，重拾信心，加油，再上路，做勇敢的自己。

20

改变来自当下。

当感受到难过、悲伤、压抑、痛苦时，就是一次全新改变的机会。

所有的痛苦、恐惧、悲伤都不是在当下的，它是对过去未曾接受、未曾体验、未曾理解及对未来幻想造成的。

当我们在当下去感受它、欢迎它、接受它，就放下了过往的伤痛，就放下了对未来的幻想。

所以要感谢当下的发生，欢迎当下的发生，它让我们看见了过去未曾注意到的及对未来的渴望。

如果没有伤痛，就错失了完整，错失了圆满，错过了融合。

没有伤痛，你也不知道何为当下。

21

生命即道路，

很多人都在踏向被父母、社会、身边人教导的路程。

也许这段路程并不孤寂，但有些人却觉得好像少了点什么：少了点和自己的连接，少了点体验，活得很迷惘。

也许一些人陷入沉思后，会突然明白：每个人都有自己的旅程，每个人都有自己的道路。于是他们转身，向过去挥手告别，向自己的旅程前行，踏上自己的生命旅程。

也许这段新的旅程是孤独的、悲伤的，但走着走着就沐浴了光明，就遇见了自己，就走出了精彩；会挂念过往的时光，停下来感受一下再上路，在路上会看见、听到、悟到，开始形成自己的生活方式、人生态度。当来到了道路的尽头，你会微笑地回味这一段旅程，心中开始充满着爱，在那里你可以自由舞动。当你再回头时，你改变了，你有了自己的道路了，你成了全新的自己。

你记起了自己是谁，这才是生命美好的开始、体验的开始、全新的开始、精彩的开始。再次遇见即圆满。

22

当你知道自己要去向何方，

所有的障碍和挑战都是一种力量，都是一种解脱和智慧。

那些遭受迷惘、压力、挫折的人们，迷失了自己，和自己失去了连接，像一朵浮云一样任狂风拍打。

连接自己，找到自己人生的使命、人生的召唤及人生的意义，这就转化了痛苦。所有痛苦、压力、挑战就变成了更大的智慧，变成了力量。你就活出了光芒，活出了道路，开心了自己，影响了世界。

看见了光明，就转化了伤痛。

23

我们总想知道前方是什么，再前行，

我们总想知道前面有什么好处，才愿意前往。

你都知道了答案，再做考试题有什么意思呢？

人生的美妙之处，也许就在于你并不知道前面是什么，但你愿意去探索一下，你愿意跟随自己的热情，愿意跟随当下的步伐。

也许前方是荆棘坎坷，也许前方是鲜花掌声，当你愿意踏出这一步时，你就已经改变了，什么结果根本不重要，重要的是当下拥有一颗无畏的心、热情的心。

至少你燃烧过，尽情追寻过。

要勇敢地跟随内心，

结果往往是内心的呈现，

前方就是光明大道。

24

我们很多人的障碍就是对自己的认识不够。

有的人适合打工，不适合当老板，
有的人适合当老板，不适合做销售，
有的人适合当导演，不适合当演员。

当我们说自己还可以时，
往往是缺少了内在的看见，
只有当我们在内心觉得自己还可以时，
才是可以的。

别误会了自己，
也别自以为是。

25

当我们追忆过往时，
就错失了当下的体验。

无论古圣先贤多么伟大、智慧多么深邃，都是为了让我们连接上自己的感受，过好当下的生活。

然而我们为了得到更多的知识，想要寻觅更多的结果，却错过了当下的感受。

当我们错过了当下的感受，就错过了生命中的体验。当错过了生命的体验，即使获得了知识，你的生活也不会发生实质的改变，反而会有越来越多的挑战。

当你连接到了当下的感受，你会慢慢地在人生中展开自己，在某些时刻忽然悟到生命，活出自我。

把注意力放在感知上，

别放在道理上、结果上，

否则就错过了真正的生活。

26

我们都在慢慢地成长，慢慢地成为自己，在成为自己的过程中会放下过往的一些人际关系和经历。

成长就是一个慢慢由分离走向成熟的过程。也许过去的朋友不再来往，过往的执着也不再重要，或许你会伤感，或许你会留恋，但这就是成长的过程。

要学会和自己独处，
学会和自己和解，
学会感受自己，
学会跟随自己的感觉，
学会适应全新的生活，
学会成为更独特的自己、更完整的自己。

成长就是一个蜕变的过程，

脱去外壳有点痛苦，

不脱去外壳会背负着沉重的负担前行。

那些正在前行的人们也许没有退路，站在路中间，被大雨淋湿，被身边的人不理解，但他们会慢慢地脱去外壳，脱胎换骨，化茧成蝶，最后成为全新的自己。

27

人随着自然的变化，在不断地变化着。

然而很多时候，我们没有跟随自然，跟随当下，都活在自己或他人的定义中：

要早睡早起，要勤快点；

要多付出，要好好学习；

要好好工作，要成为一个有用的人，要让别人看得起……

我们的头脑充斥着各种各样的观念，即使是现在已经长大成人了，一样在被这些观念主导着，或者对抗着这些观念，让自己变得无力、迷茫、痛苦、挫败。

人这一生的确不易，

要么被头脑主导，要么对抗头脑。

就好比要么被社会认同，

要么被社会淘汰、抛弃，

已经不知道还可以有另外一种生活及另外一种可能了。

而真实的自己就在想法后面，

如果你能看见想法背后的空间，积极的想法和对抗的想法之间的距离，那你或许可以找到自己的生存之道、生活之道。

你也可以去关注头脑当中的想法，倾听它，尊重它，允许它，接纳它，放下它。

放松下来，连接上内心，跟随内心的渴望，

跟随当下的能量，发现自然的规律，活出与众不同的人生。

28

看见别人简单，

看见自己不容易。

人生的道路上有很多的挑战、伤痛、压力，一些人都把它归纳为是别人给自己带来的，一味地想要用逃避、对抗来掩盖自己的伤痛。这样他们就把伤痛深深地压抑在心底了，然而在日后的人生中，每当遇到压力、挑战的时候，这些伤痛会再次浮现。

当一个人内心充满伤痛，他就无法安定下来，他的人生就会像一团糨糊。

其实我们遭遇的每一次伤痛都是在唤醒自己。

当下是完整的、圆满的。

当下没有伤痛。

所有的痛苦是我们逃避当下造成的，是我们把过往的伤痛带到了当下。

你不妨这样问一下自己：

在走向人生圆满的路上，我需要接纳自己的什么?

——想法、情绪、身体、感受……

去看见它们，听见它们，感受它们，欣赏它们，拥抱它们，接受它们，尊重它们。

如此才能够更轻松，更自由，更有爱。

29

当下的问题不是来自当下，
当下的挑战不是来自当下，
它是来自过往我们对事物不够认识和了解。

一个人越了解当下，问题就越少；越深入当下，就越轻松。

大多时候我们都在关注头脑中的想法、头脑中的问题，很少关注当下的发生、当下的存在。

当我们从头脑中抽离出来，观察当下的发生、当下的存在，所有的问题就都消失了，智慧、爱、感恩、万有、无限的美好也都发生了。

当下是终结痛苦的地方，
此刻是全新的开始。

30

当你停下，去觉察自己，
觉察头脑当中的想法，
觉察内心的感受，
觉察身体的习惯模式，
慢慢地放松，慢慢地平静下来，
你会发现，一切都发生了变化，
所有的改变都是从平静中悟到的，
所有的指引都是从放松中接收到的。

当我们找到改变的方向，才能更好地改变，而不是在过往的模式当中打转，在轮回中痛苦，在折磨中度过一生。

保持当下的觉知，
改变就发生了。

31

感谢当下的自己、万有的自己、无限的自己。

它可以带你穿越过往，重新塑造过往；它可以带你创造未来，创造奇迹。

当下是变化的、永恒的、精彩的、美好的、圆满的、完整的。

精彩都始于当下，
安心当下，即超越。

32

爱就像天空中自由飞翔的小鸟，

爱就像风中摇曳的花朵。

爱不应该让人感到压抑，

爱不应该让人感到痛苦，

爱不应该让人感到混乱和窒息。

你不能因为爱上花朵就把花朵采摘下来；

你不能因为爱上花朵就把家搬到花朵的旁边；

你不能因为爱上小鸟就把小鸟抓下来把它关在笼子里。

也许有一天你会放飞关在笼子里的小鸟，这时候你就知道什么是爱了。

爱就是如是存在，

不要把自己的痛苦、迷茫、孤独、压抑强加或寄托在其他人或事物上。

去接受、尊重、允许、信任这些感受、这些发生，它会让你更有爱，更自由，更流动，体验到更多精彩。

去做回那只自由自在的小鸟，

去做回那朵绽放的花朵吧，

你不会因为采摘花朵而开心，

你不会因为把鸟放在笼子里更有爱。

你就是爱。

成为自己，放下所有的控制、占有、索取，就会绽放出全新的人生。

33

内在多压抑，

外在就有多对抗。

只要我们的内在一刻不放松，

外在的抗争就不会减少。

阻碍我们的是内心的压抑、恐惧和抗拒。

内在越恐惧，

外在越张扬。

内在越抗拒，

外在越无力。

一个内在平和的人，

外在呈现的状态是慈悲、善良、放松、仁爱的。

所以，只有一个人放过了自己，

才能与世界和解。

一个人越接纳自己，

外在就越轻松。

与自己和解才是自己的道路。

34

有时候我们会想：现在没事干，不如去打打牌、刷刷手机、喝点酒。你会发现这会让你更焦虑，更加不安，在未来人生的道路上也会困难重重。

没事干的这个空间，即创造，即整理，即流动，即爱。

想想看，如果不给自己留一点空间，你每天都在干什么？上班，下班，吃饭，睡觉，带孩子。每天干着一模一样的事情，重复着一模一样的习惯，说着一模一样的话语。

有句话是这样说的：我们的工作差不多，区别来自下班之后的时间，放假的时间。

空间即全新的智慧。

空间即全新的开始，

空间即全新的创造。

空间承载万物，

空间孕育万物，

没有空间就没有生命。

没有空，一切都是黑暗，

空是开始的地方，

也是结束的地方。

空是觉醒的地方。

给自己留一点空间，让“万有”进来，让智慧进来。

成为空，就成了“万有”，

成为空，就来到了当下，

成为空，就成了智慧，

成为空，就成了自己。

35

每个人都是艺术家，

都在用自己的意识绘画创作着自己的人生，每个人的生活都是自己创造的艺术作品，

可以看一下自己创作的作品是怎样的：

家庭、婚姻、事业、身体、情绪状态……

无论你现在的作品是怎样的，

这都是一个学习创造的过程，

同时也是创造伟大作品的根基。

即使现在伤痕累累，挑战重重，你还是可以在现在的基础上勾勒出更有创意、更伟大的创造。

所谓伟大的艺术都是将别人看到的残缺、裂痕、错误作为基

础，让其成为一个点睛之笔，创造出别有洞天之感。

最伟大的创作都是来自内心深处最有感觉的连接，都是深刻洞察的结果。

连接当下，连接内心，

去创造属于自己的伟大的作品吧！

36

什么水，养什么鱼，

什么能量，孕育出什么生命。

如果你不能觉察此时此刻，

你就不知道自己有什么能量。

决定成为一条什么样的鱼的是它的水，

能将自己孕育成什么样的生命状态是背后的能量。

觉察是一切改变的开始，

觉察是全新的发生。

37

每一个当下都是真相的表达，
每一个当下都是智慧的结晶，
每一个当下都是爱的呈现，
每一个当下都是生命的诠释。

只是我们没有用心连接、用心观察、用心感受及用心倾听。

所以心在哪，智慧就在哪，
心在哪，爱就在哪，
心在哪，生命就在哪。
心不在的地方即黑暗、恐惧及慌乱。

连接当下，连接内心，与爱同在，与生命同在，与光同在。

38

如果不站在终点去思考人生，

你的人生会一直在轮回中打转。

每一个结束只是下一个的开始，

去探索人生中最渴望完成的事、成为的人、成为的状态。

从当下开始去践行它，完成它，

当你在开始的地方，也在结束的地方时，

便开始享受过程了。

39

你已经长大了，

你不是那个可爱的小孩了，

你也不是那个懦弱的小孩了，

你有了自己的生活。

你可以不可爱，也可以很糟糕，

因为你虽然长大了，

但内心深处并没有成长。

所以生活会把你累得弯下腰，喘着气，

就像麦子一样长大了，成熟了，

这也是一种选择。

不管发生什么，都要记得感恩。

因为那些探索真相真理的人，

也是脱了一层皮才有收获的。

40

有时，无知即智慧，

无情即有情，

挑战即幸福，

烦恼即菩提。

把自己不喜欢的东西变成喜欢的东西，如同炼金炉。

如果你成为自己的炼金炉，就可以把自己所有的无知变成智慧，把自己的自私变成无私，把自己的挑战变成幸福。

你现在的幸福果实都是过往不幸的种子、挫败的种子成长及改变而来的。

其实我们每个人都是自己的炼金炉，只要能给自己足够的时间、空间，允许自己成长和改变，你所有的障碍和挑战都会以爱和慈悲的方式呈现在自己面前。

成为炼金炉，转化一切的伤痛吧。

每个人的心田又像一个宽广无边的田地，种着各种各样的东西。

有些种子得到的阳光、雨水、温度刚刚好，所以成长得好；

有些种子没有得到足够的阳光照射，长得没有那么好。

就像有的孩子得到了足够的信任、关注、爱和连接，成长得比较好；有些孩子没有得到陪伴、理解、尊重与爱，成长得并没有那么好。

我们的心田有各种各样的种子，有的成长了，有的还没有发芽，我们根本不知道心里的这颗种子什么时候发芽、开花、结果，也并不知道这颗种子是好的种子还是不好的种子。

就像现在发生在我们身边的事，都是自己心田里的种子开花、结果、发芽的结果。

好的坏的都是自己所见、所思、所感、所闻、所想之后，自己吸引而来的。

我们要小心地对待当下的每一个发生，敬畏每一个发生，尊重每一个发生，这样才有可能长出自己渴望的果实，否则结果到来之后你可能无法接受及无法承受。

向自己的内在臣服，

向自己的内在表达感激及尊重，

向自己的内心深处忏悔吧！

41

安静下来，

允许人、事、物按它本来的样子呈现，这就是尊重。

安静下来，

所有的遇见都是轻松愉快的，这就是爱。

安静下来，

所有的发生都很深入，这就是智慧。

安静下来，

连接自己，这就是放松。

安静下来，

倾听内心的声音，这就是方向。

安静下来，

所有的人、事、物从来都没有分开过，这就是合一。

安静下来，

每一刻既是全新的开始，也是完整的结束。

安静下来，

好好地体验及享受当下吧。

42

有时候，对抗是一种保护、一种爱、一种深深的渴望，

渴望成为爱，

渴望被保护，

同时也渴望被爱。

但对抗往往会让我们错失自己，错失当下，错过爱，一直在过往的记忆、伤痛中打转。

越对抗，内心的伤痛就越大，

越是被过往的发生所控制。

深呼吸，把注意力带到当下，

感受内心的对抗，

感受当下的对抗。

其实对抗是无知的表现，
你用多大的力量对抗，
就会获得多大反作用力的反抗，
最后的结果是伤痕累累。

你可以双手互推，慢慢地感受这份对抗的情绪及对抗的渴望和需求，连接对抗下面的爱，看见它，直到成为它。转化对抗的能量，自然就活出放松、平静的人生。

43

静默是灵性的语言。

安静也是一种连接，

安静才能更好地看见、听见及感受到自己。

安静下来才能更好地与生活连接，与当下连接，与当下的每个发生连接，才能够更清晰地看见当下发生的全过程，更清楚地听到当下每一种声音，更好地感受到当下发生在每个人身上的能量。

安静是智慧的话语，

安静是灵性的回归，

安静是全新的开始，

安静是真正的圆满。

44

当我们把自我和整体分开时，

就是一切痛苦的开始。

我们都是整体中的一部分。

整体好，我就好，

整体不好，我也不会好。

不要试图从好坏当中逃离出来。

好坏也只是我们的一部分，

我好了，一切都好，

我不好，一切都不好。

我是整体，整体是我，

我是好，我是坏，好坏都是我。

当学会和当下共处，

不再分隔每一刻，

不再对抗每一个当下，

不再执着每一个发生，

就实现了圆满，

就做回了自己。

45

通过当下的发生学会感恩，

通过当下的发生学会臣服，

通过当下的发生学着接纳，

通过当下的发生忏悔自己。

当下是最好的治疗药物，

当下是最好的转化契机，

当下是万物的生发，

当下是完整的爱。

连接当下，爱自己，爱生活吧！

46

一切的问题在当下都能找到答案，

当下所有的问题都是注定会发生的，除非你提前“觉知”到它，感受到它，接受它。

我们都在匆忙地延续过往的经历，很少停下来觉察自己的生活状态、人生方向，只有当人生中遇到了挑战、挫折时，才愿意停下来思考人生。人生都是在被迫改变，这种被迫的能量终有一天会爆发，于是又一次回到最初的状态、最开始混乱的人生模式。

起点决定终点，

在行动之前，先感受，先“觉知”，否则到了人生的终点会说出一切都是命、半点不由人这些胡扯的语言。

停下来觉察自己，感受自己，再去创造全新的人生。

自己与世界

探索自己内心的世界，与自己和解，就是与世界和解。

1

我们都渴望爱、看见、理解、陪伴，

而一些人渴望爱的方式是对抗、打压、批判、指责和抱怨。

当用这样的方式获得爱的时候，

家庭、团队就变成了战场和矛盾的空间。

如果我们能接纳自己内在的对抗，

如果我们能理解自己的内心，

你会看见原来那个和我们冲突的人或事竟然如此鲜活及可爱。

爱自己，照顾好自己，陪伴好自己，

是对世界最大的温柔及爱护。

2

一些人越想要爱，就越对抗爱，

因为他不敢表达内心的渴望，

接受不了自己的脆弱，

只能通过对抗来获得。

我们无法跟随本心去说话、去做事，这才是痛苦的根源。

3

听别人说什么，看别人做什么，
倒不如停下来去感受一下自己的内心，
当能感受到自己，连接上自己时，
就连接上了万物。

我们以为别人在欺骗自己，
我们以为自己很倒霉，运气不佳，
其实是和自己失去了连接。

当你连接上了自己，
让自己完全放松下来，
真相就会浮现出来！

4

有时候，

你恨的也是你爱的。

你之所以恨他/她，

因为你在期待他/她的爱。

如果他/她爱你，你就会很柔顺，

如果他/她不爱你，你便折腾他/她。

有时候，

他/她不爱你，你依然爱他/她，

是因为你还不接受自己，恨自己不够好。

总觉得如果自己够优秀就能获得他/她的爱。

你已经长大了，

别再把自己交托出去了，

好好地安静下来，

多感受一下自己，多陪陪自己，

因为在外面是寻找不到自己的，

多关注自己，就是爱，

多倾听自己，就是爱，

照顾好自己，就是最好的爱。

5

不要轻易对一个人或一件事评头论足，

往往你缺少对这个人或这件事的了解和理解。

或许你看一个人穿得很奇怪，

但这个人也许觉得自己已经穿得最好了；

或许你觉得有些事情太不合理了，

但那就是在那个当下完美的发生。

有的人能吃个馒头就很幸福了，

因为那是他能吃到的最好的食物了；

有的人在抱怨今天的肉放少了，

是他家里还有好多肉。

你家有肉，别家没有。

当你抱怨、指责别人时，

是缺少对自己和他人的了解、尊重及理解。

了解自己，尊重他人，

外面的世界才和谐自在。

6

和自己的关系就是和一切的关系，

事业、家庭、友情、健康等，都是和自己关系的投射。

放慢脚步，安静下来，

倾听内心的声音，

接受当下的自己，

和自己的关系调整好了，

外在的一切关系也就改变了。

所有的发生都是生命的提醒。

7

你对世界有需求，
世界会向你回馈更多需求。

有时候，你获得的某种东西只是内心匮乏、混乱的呈现，否则你应该因为你得到的感到幸福和快乐，而事实上，你并没有。

不是外面的现实让你混乱，
是你自己的内心失去了平衡。

去接受内心深处的渴望，
放松下来，连接当下放松、喜悦的自己，
这便是无为而为，空生妙有，依道而行。

8

同一句话，每个人有不同的反应，

同一个发生，有不同的说法，

同一个月亮，有人看着是开心的，有人看着是不开心的。

一切都是随着内心的状态、内在的能量在变化着的。

随着整个社会能量不断地提升，很多东西都将被重新定义。如果我们不打开胸怀迎接全新的变化，将会被社会淘汰。

那些能与时俱进的、有创新的引领者都是敞开心扉欢迎一切新的发生，跟随自然、跟随内心的感觉去创造，活出了全新的自己。

9

每个人在心底都渴望实现梦想，照亮别人，做身边人的灯塔，做他人的榜样。

这一份深深的渴望，也是一种障碍，它会让你无法接纳当下，无法看清楚当下真实的发生。

生命就在当下，当放松下来，关注自己，连接上自己，感受当下，这就是对别人最大的影响，身上的光芒自然能照亮别人。抬头看天，也别忘了低头行走。

10

不论是好是坏，你的执着都是你最大的障碍。

当你把你认为好的投射到别人身上时，

去看看那个人抓住好的不放手时，他的状态、他的空间及他的自由度是怎样的。

在别人身上看看那些他们认为好的东西是如何控制他们自己的。

再在自己身上看看，那些自己认同了的不好的发生是怎样控制自己的。

不要执着于好和坏，

那都是困住我们的枷锁。

那些活得洒脱的人，

是没有限制的。

没有限制，

你就是无限。

11

每个人表达爱的方式都是不一样的。

不宠不代表不爱，

不哄不代表不疼，

指责是爱的另一种表现。

有时候，不爱的是你的嘴巴，

而你的心充满着温暖及热爱。

连接上你的心，你就活在爱里了。

12

我们很少对当下拥有的表达感恩。

一些人总是想要拥有更多，稍微有一点吃亏，没有得到自己想要的，就开始抱怨。只有当他们失去时，才发现自己曾经拥有很多。

还有一些人，他们对于自己的每一分拥有都表达感恩。他们带着一颗谦卑、虔诚、恭敬之心对待每一个发生每一次遇见，这会让他们拥有得更多。

感恩是一种智慧，
抱怨、指责是无知的表现。
你的得到恰恰和你的智慧、认知相匹配。
感恩每一件事、每一个人、每一个当下，你便接近了无上真理。

13

去觉察在什么情况下自己会有情绪?

比如，当别人违背自己的意愿时、当自己做得不好时、当和别人的观点不一致时，等等。

一些人抓住过去的情绪和过往的认识不肯放手，把这个情绪及认识当成了自己。

当别人和自己意见不一致时，就认为别人在否定自己，不接受自己。

然而真正伤害自己的不是别人，是对自我的执着。

放下了对自己的执着，也就停止了外在的对抗。

创造、爱、看见都会在当下发生，

一切都会轻松自然地流动。

14

每一份经历，都是一份引导，
每一份经历，都是一份责任，
每一份经历，都是一份力量，
每一份经历，都是一份荣耀。

当你逃避了当下的经历，
就逃避了指引，逃避了方向；
当你逃避了当下的经历，
就逃避了责任、力量和荣耀。

你之所以在，
经历是见证。

15

我们很讨厌别人按标准来要求、衡量自己，
我们不也是在用标准要求别人吗？

当我们不再要求别人，
放下对别人的期待，
自己能照顾好自己，
自己能打理好自己，
自己能爱自己，
一切都会改变。

我们和世界的关系就是和自己的关系。
看不见自己的人会迷失在茫茫人海中。

见自己，见众生。

16

即使你觉醒了，

你还是你，

生活还是生活。

世界不会改变，

人们也不会改变。

是你看待世界、看待人们的方式发生了改变。

你变了，一切都变了。

17

每个人的内心深处都很脆弱。

我们要很小心地对待当下的每一个发生，来维护自己的内心及周围人的内心。

看似大大咧咧、满不在乎的人，也需要别人的看见及肯定、欣赏和赞美。

用爱对待自己及身边的人吧！

很多时候我们对待自己、对待别人都很有攻击性，而我们的生命力也开始慢慢消失。

如果我们用爱、慈悲及柔情对待自己和身边的人，生命力会慢慢地回归，内心也会更踏实，人生也会更流动。

维护生命底层的力量，

生命才更有力量。

18

从你的头脑当中抽离出来，
来看一下自己，
这一刻即醒来。

你能看到别人，
但却很少看到自己。
能看到自己的人，
才能和别人及世界保持一个很好的关系和距离。
如果你无法看见自己，
你也看不见别人，
你所看见的别人只是自己内心的投射而已。

人们已经习惯把别人当别人了，

其实别人只是你的投影而已；

也习惯把自己当自己，

自己只是不曾觉察的头脑习惯而已。

如果我们持续这样，

会失去自由、爱、慈悲、智慧，背负沉重的负担前行，活得会很辛苦，缺少流动，会深深地陷入自我保护的牢笼里。

当我们抽离出来看自己时，

你看到的自己还是那个自己，

但你已不是你了，

你已经从习惯性头脑中抽离了，

你成了光，成了爱，成了无限的存在，成了无限的延伸。

别人还是别人，

但你看待别人的方式会发生改变，

你会把别人当自己，

会变得慈悲、有爱、智慧、灵动、有方向。

19

忘记不是因为不重要，

恰恰是因为太重要，

所以才选择忘记。

放下的都是重要的，

不重要的也不用放下了。

我们都听过这样的话：“当初他们对你很好，你怎么能忘恩负义呢？”“他跟你相处了这么久，他遇到事，你怎么都不帮一下呢？”“他给了你这么多爱，你怎么无动于衷呢？”

生命是需要洞察和觉知的。

有时候对你越好的人，反而拿走了更多力量，他让你在他面前无法做自己，就像有些人在你面前无法做自己一样。

这是生命的负担，这是控制。

如果你想要做回自己，那么越是对你重要的人，越要放下。

放下，

是我不想让你拿走我的力量；

放下，

是我不想拿走你的力量。

最好的爱，是让自己成为自己，让世界成为世界。

我爱你，与你无关。

我爱你，是因为我看见了自己。

我爱你，是因为我就是爱。

爱让我更充实，更放松，更享受，更完整，更圆满。

20

人总是要离开的，

为何不想想，当你离开的时候，一切是怎样的呢？

那时候，耳边还有没有嘈杂的声音？

你所处的环境会是怎么样的？

平常挂念的人呢？

家人会怎样看待这个发生？

朋友会怎样看待这个发生？

生命的故事结束时，你还会不会有遗憾？

花点时间去整理一下自己离开前想做的，现在就去做。

把拿走别人的能量还给别人，

把不平衡的能量收回来，

把没给到的能量给出去。

让一切回到最初，再重新开始，

重新调整一下自己的思维方式，

重新调整一下自己的状态，全新地活一回。

向死而生，

活出生生不息的自己。

21

世界就像一幅美丽的画，

需要你打开心扉，跟随着这美丽的画面。

去看，

看到全新的风景，

看到它的不同及有规律的发生。

一直跟随着自己旧有的习惯也挺无聊的。

去悟，

感悟画中的风景、画中的人、画中的流动，静静地感受一下待在画中的时刻、被太阳沐浴的感觉、被空间拥抱的感觉。

一直在头脑里待着也挺累的。

去听，

听一下画中那美妙的旋律，听听鸟儿起飞扑扑棱棱的声音、狗狗的叫声、猫咪的叫声、青蛙的叫声，还有树被风吹动的响声，是不是仿佛回到了小时候在家乡的时刻？

一直在被耳边各种批判、指责的声音所困扰，该好好地听听当下的声音了。

去闻，

闻到树木散发的味道、花草散发的味道、空气中弥漫的味道。

也许自己的生活好久好久都是无色无味的了。该停下脚步，来觉察一下了。

我们一直在画中，

我们身边的发生要比画中精彩多了，

可是我们麻木了。

我们要从画中抽离出来看一下画，

从自己的头脑中抽离出来看一下自己，

你会发现，你一直被爱着，一直被生命深深地保护着。

当你有新的洞见，

才会有新的发生。

22

有些人常常会想：

为何我的生活变得如此不堪？

为何我的家庭如此混乱？

为何我的事业一塌糊涂？

为何我的情感之路总是不顺？

为何我的身体伤痛不断？

去觉察头脑当中隐蔽的念头，

是它在阻碍你活出全新的人生。

我们都渴望自由、被爱、被理解、被赞美、被肯定、被接纳、被欣赏、被信任……

然而现实并不是以你所想的那样发生，

现实它并不是孤立的，

它是连接的，
有时心情好，有时心情不好，
有时一帆风顺，有时挑战重重，
有的时候做得好，被身边的人称赞，
有的时候做得不好，被身边的人指责和谩骂。

那些高光时刻会过去，
那些快乐时刻会过去。
而那些困难的时刻、挑战的时刻呢？
看似过去了，但其实都留在我们的潜意识深处了。

每一刻都是完整的，包含了意识和潜意识、大人和小孩子、内心和外面、阴和阳。

当你向外面的世界表达你的渴望时，
外面的世界也在呼唤着你的爱。

如果你只想得到自己渴望得到的，
不在意别人的感受，
很快你就会被孤立，被遗弃。
因为害怕这样的感觉，你会想着满足大家的需求。当你想要满足大家时，就容易忽略自己的感受，这时候的你会变得小心紧张，会把过往压在潜意识里不够好、不自信的念头唤醒。

如果你不去觉察这些潜意识里的念头，你很难扩展更大的空间，获得更多的爱和自由。

觉察你潜意识里的念头，
改变你的命运，
活出全新的人生。

23

生命是一半空一半实，

一半真一半假，

一半阴一半阳，

一半光明一半黑暗，

一半智慧一半无知，

一半苦一半乐。

很多时候我们把虚假的一面投射出来，和自己演绎逃避的人生；

把黑暗的一面投射出来，演绎佛魔的故事；

把痛苦的一面投射出来，演绎对抗的生活；

把自己的愚痴投射出来，过混乱的人生。

当我们把投射出去的能量收回来，让自己成为自己的“观照者”，让自己成为自己的陪伴者，让自己成为自己的倾听者，让自己成为自己的赞美者，让自己成为自己最好的爱人、父母、导师、朋友，你就成了全新的自己，你就成了自己的中心，世界就安定了，世界就成了世界。

成为自己，
还世界、还别人一个自由。

24

世界无时无刻不在变化着，战争、疫情、灾难、金融危机，哪一件事不是在提醒着我们人生的无常、生命的不可预期?

当下的磨难、挫折、伤痛、压力是怎么来的?我们很少去探索这些，只管一味地向前追寻，向前寻找。

而前面的道路是延续过往的，如果我们在过往的生命中有很多的伤痛和遗憾，别急着前行，当下才是自己最好的方向，当下是改变过去、创造全新未来的唯一途径。

你活在当下的每一刻都在转化着过往的伤痛;

你活在当下的每一刻都创造着全新的未来；

你活在当下的每一刻都在连接着无限的美好。

人在变，世界在变，当下才是永恒。

25

越是渴望别人的关注，就越受挫，

越是渴望别人的爱，就越受伤害。

当我们渴望得到别人的尊重、爱、认可、理解、欣赏的时候，我们就把自己交托出去了，变成了一个道具，从主体变成了客体。为了取悦别人，各种表演，各种伪装，从而错失了当下的存在，生命被固化。

然而每个生命都渴望被看见，渴望被爱，渴望被尊重，渴望被接纳，渴望更多的安全感，渴望更自由，渴望绽放。

当我们想从别人那里获得这些渴望的东西时，就错过了当下感受自己、连接自己的机会。

如果我们把渴望从别人身上获得爱，渴望让别人满足自己的需求的能量，放在自我满足、自我欣赏上，人生必将是一场精彩的盛宴。

只有你精彩了，世界才精彩。

你是主体，世界是客体。

你好了，一切都好。

26

你当下正在做的事，刚好对应你当下的心情及状态。

如果此刻你正在无聊地刷手机，

代表着当下你很迷茫、无聊、压抑。

大家有没有感觉到，在刷手机的时候，当你渴望听到一句话时或者刚好想买一件东西时，就能听到、看到。

当下的一切，

都是你当下心境的映照。

有时候我们强颜欢笑地觉得自己改变了，但还是会遇到倒霉的事情。用当下的发生"观照"当下的心境，就是一次全新改变的机会。

改变了当下的心境，
外在的事物就会发生改变，
不再重复旧有的挑战。

心境一变，人生改变，
心态不变，一切都不变。
把握当下，重塑人生。
接受当下的状态，
就改变了未来的发生。

27

每一分得到都是一份负担。

大家有没有注意到，很多东西在没有得到的时候，各种新奇，各种渴望，各种兴奋。

一旦得到之后，兴趣一下子就减退了好多，就不是那么喜欢了。

得到意味着一份责任和压力，
这就是为什么得到之后就觉得不再重要，不再珍惜了。

这是源于小时候，父母对我们的期待，对我们的渴望，以及当我们向父母要爱的时候父母的反馈。

我们已经害怕自己的得到，害怕自己的渴望，害怕享受，害怕承担，害怕承诺了。

当我们恐惧得到，害怕承担，害怕责任时，即使有好的东西到来，有好事发生，我们也会把它搞杂，搞得乱七八糟。

这样我们就没有办法真正创造更好的生活，没有办法创造更好的人生。

要去接受当下的得到，
享受当下的拥有，
珍惜当下的拥有，
感恩当下的拥有，
才会创造美好的人生，
才会创造美好的未来。

28

我们遇见一个人也许只是一次擦肩而过。

大家有没有想过：
你和自己的父母会相处多久？
和自己的爱人会相处多久？
和自己的孩子会相处多久？
和自己的朋友、同事、邻居会相处多久？
和自己待在一起的时刻有多长时间？

也许和朋友分开再也不会遇见，
也许父母很快会离开我们，
也许爱人会转身离开，
小孩长大后有他自己的空间。

生命中的每一刻都是独一无二的，每一刻都值得珍惜。

有时候长久不联系的朋友、亲人，到最后会发现，彼此是人生中最宝贵的回忆。

不要吃着碗里，望着锅里，
到时候连回忆都错过了。

生命中最值得怀念的时光是什么时候呢？
我想来想去，觉得是自己孩提时的那种玩闹以及父母的责骂。

那种童年的时光再也回不去了，它为什么那么珍贵，因为已经逝去了。

要珍惜当下，珍惜每一刻。
当我们活在当下，珍惜当下时，就活成了原来的自己，天真、勇敢、淘气、善良、有爱的力量就回来了。

不管你在哪里，

要记得连接自己，

活出精彩的每一刻，

珍惜当下的每一刻。

即使是最黑暗的时候，

也要用心中的光芒照亮前行的道路。

29

你就是你感觉到的样子，

要相信自己的感觉。

感觉是灵魂的语言，

感觉是高维的智慧，

感觉是创造的源头。

感觉好了，一切都好，

感觉不好，一切都不好。

谈恋爱，谈的是感觉，

经营家庭，经营的是感觉，

干一番事业，干的是感觉。

当没有感觉，
就是生命枯竭的时候；
当没有感觉，
就是事业下滑的时候；
当没有感觉，
正是恋爱走向分离的时候。

生命的内核就是感觉，
每一颗种子都会开出美丽的花朵。

当感觉不到的时候，
别急着上路，
放松是进入灵魂的钥匙，
放松下来，倾听内心的感觉，
跟随内心的感觉才能迈向幸福的旅程。

30

每个人都是圆满本身。

发生在你生命中的故事，你所遇见的每一个人都有其意义和价值，

都是在成就你，温暖你，提升你的智慧，打开你的心门，让你了解世界的精彩，让你知道你是完整本身、圆满本身。

然而一些人对于很多发生是拒绝的，对遇见的很多人都是怨恨的，这些人的人生会显得空洞、无聊、压抑、死气沉沉。

当你成为圆满，允许每一个发生、每一次遇见自由、自然地流动时，你会发现，每一个发生都是相互成就、相互关联、相互依存、相互关照的，遇见的每一个人背后都有深深的爱与陪伴、信任与支持、宽容和接纳。这份“觉知”会让你对一切的发生都心怀感恩。

生命即恩赐。

31

觉察自己看待别人的方式，

是了解自己的过程。

觉察别人看待自己的方式，

是接受自己的过程。

我们如何看待别人，

决定了别人怎样回馈我们，

给出去什么就会得到什么。

把投射给别人的能量收回来，

呼吸，放松，忏悔。

把别人投射给自己的能量还回去，

尊重，理解，接纳。

当把别人的能量还给他，
把自己的能量收回来，
停下来感受自己时，
自然而然就回到了中正、放松、平静、自然的状态中了。

32

慢下来，

觉察一下自己的呼吸，

让它回归到自己的状态。

慢下来，

回顾一下过往的发生，

连接内心，活得深入一点。

慢下来，

觉察一下当下的发生，

把自己带到当下，和当下的一切发生、一切存在合一，连接成为整体。

慢下来，

让头脑平静下来，

好好地规划一下自己，倾听内心的声音，活出从心出发的生活。

慢下来，

享受一下当下的风景，

无论是清晨还是夜幕，安静地和自己待上一会儿。

慢下来，

让着急的心情平复一下，

让心空下来，让力量回归，做回自己。

慢下来，

观察一下事物的规律，

从每一个发生中成长、觉悟，

人道即天道，春夏秋冬，酸甜苦辣，日升日落，悲欢离合，春暖花开，人情冷暖，只有从规律中发现才能成长、成熟、改变。

慢下来，

找朋友、亲人或陌生人聊聊天，唤醒一下你幽默的细胞。

一天即一生。

再慢一点，生命才会更长一点，人生才更享受。

33

允许别人难过，允许别人痛苦，自己才不会被痛苦、难过所主导。

有时候我们看到世界上有不公平的事情发生，会火冒三丈，很生气。

当你接受不了痛苦的发生时，你是渴望从别人那里获得爱和理解的。

就像你看一场电影，在你的内心深处知道结局是美好的，能带给你开心、放松、自由、爱和智慧，你才去看的。

生活中也一样，

你也不会想看见、欣赏它本来的面貌，你都是在为某种结果而努力。

这样你就被结果主导了，就失去了自己，失去了真正的自由，失去了真正的幸福。

只有当我们允许别人难过、伤心、痛苦时，我们才愿意感受自己；当我们愿意感受自己时，才会允许世界按它的方式运行。

当我们尊重了、允许了、信任了、接纳了、臣服了，才会超越情感对自己的主导，才能做回自己，成为自己的主人。

34

怎样才能做到允许、信任、尊重、接纳呢?

——成为自己。

如果我是我,

当我是我时,我再看外面的发生和外面的人,我先看见及感觉到的是空间,是距离。

当我能和世界、其他人、其他“万有”,有了空间、距离,自然就能看见、欣赏、尊重、理解、允许。

空间、距离,才是解决问题的根本。

当下再大的事,十年、二十年、三十年之后都是小事。

别人经历多大的挑战,对于自己来说都不会有很深的痛苦。

能感受到自己内在的空间，

外面就会有无限的空间，

能从自己的想法、情绪、身体当中抽离出来，和自己保持一定距离，才能和世界其他一切存在保持一定空间和距离。

有了空间，有了距离，就有了爱、理解、尊重和信任。

35

我们要敢于接受自己的脆弱，

要敢于面对自己的软弱无能，

要顺其自然。

我们总是想要证明自己，

我们总是渴望被人认可，

我们总是想要被万众瞩目。

好人、成功的人都是别人口中的标准，都是人们的定义。

你的感受是什么？

不要为了别人而失去了自己。

我们都想做一个好人，

我们都想照顾好身边的人，

但这并不是你最重要的事。

如果你能感受到自己，

尊重、允许、相信别人，

这比照顾好他们更重要，

这比满足他们的需求更重要。

成功、成名、成为第一名，并没有你能照顾好自己更重要，也并没有比获得别人的信任、尊重、理解更重要。

36

如果你不能尊重外面的发生，你就会成为受害者。

爱自己也好，恨自己也罢，当你怀着爱、信任、慈悲的心去尊重这些发生时，就消除了再次创造伤害的能量。

否则即使现在你能控制住这个发生，你能逃离这样的发生，但这样类似的事情还会重演，你逃离的只是外在的世界，内心的感受、情绪、想法才是外在世界的原因。

接受自己，才能和谐地和当下共处。

接受自己，才能平衡外在的关系。

37

身在世界却不要深陷其中。

好坏，对错，美丑，多少，真假，得失，善恶，利害，爱恨，有无，动静，就像天平的两端一样，无论你朝着哪个方向走去，天平都会失去平衡。你在得到，也在失去，你就是中心。

人生就是这样，

得到之后还想得到，

失去就会后悔，

一直在矛盾冲突中度过。

等你安静下来，

你会发现其实人生并不会因为你的得到而多么幸福，也不会因为你的失去而多么失败，这些都只是我们头脑当中的幻觉，因为你还在。

在你的两边是天平的两端，好坏，对错，美丑……人生的精彩就在于你在天平的两端自由地走动，自由地体验。

走向好，走向坏，走向对，走向错，走向美，走向丑，但不要执着于它们。

身在其中，尽情体验，享受当下。
不要盲目上脑，不要盲目执着，
有了空间才能自由流动，
才不会错过每一个精彩的瞬间，
你就是空。

38

我们能看见自己，

世界将很美好。

一些人已经习惯性地把别人当成别人了，麻木、无情、批判、指责、抱怨。

看见别人就是自己，

才会相互理解、相互尊重，才会信任，才会有慈悲，才会有爱。

外面的世界很精彩，

我们不想错过精彩的体验，

却错过了自己。

外面的世界很丰富，

我们总想通过外面来满足自己内心的渴望，

最终只能更痛苦、内疚、压抑及焦虑。

世界只是一面镜子，

在反映着内心的需求。

外面没有别人，

都是自己的投射。

别人、世界，都是自己内在不曾看见、不曾深入、不曾理解、不曾信任的自己。

把和世界的关系当成和自己的关系，修正自己，让自己成长。

把世界当成内心投射，才能更好地圆满自己，圆满人生。

成为自己，点亮人生。

39

慢下来，

看一下花开花落，

听一下鸟语虫鸣，

感受一下阳光照耀。

允许所有的事物按它本来的样子运作，

尊重头脑当中的想法、身体的感受，欢迎它们的到来。

再慢一点，去融入万事万物中，和一切的发生合一，成为一切，活在和谐中。

40

你简单，

世界上所有的人、事、物都为你展现出简单的样子。

你复杂，

世界上所有的人、事、物也会为你展现出复杂的样子。

然而很多人认为自己很简单、很善良，世界却为他呈现出了一个复杂、丑陋的状态，这是因为他对自己不够了解，对自己有太多的误会。

你要知道：你是什么样的，世界就会以你的样子呈现在你面前。

你混乱，世界就混乱；

你有爱，世界才有爱。

你可以欺骗自己，

能量不会配合你；

你可以误会自己，

态度决定了一切；

你可以自圆其说，

内心念头会出卖你。

心里有，

外在也会有；

心里没有，

就停下向外寻找的脚步吧！

做诚实的自己，

做真实的自己，

才能坦然地面对一切的发生，

才能活出更敞开的生活。

41

外在发生什么，

才能平衡你内在的能量？

有一个怎样的爱人，

才能抚平你的伤痛？

有一份怎样的事业，

才能填补你的匮乏？

有一个怎样的身体，

才能装下内心的委屈、压抑？

处在平衡状态下的关系是最好的关系，

处在平衡状态下的能量是最好的能量。

找到和万事万物的平衡，

就可以轻松享受当下的生活，

找到不急不慢的自己，
就回到了自己的中心。

平衡的空间，
平衡的状态，
平衡的关系，
才能活出平衡的人生。

当下就是平衡的中心。

自己与生命

生命是精彩的、丰富的，接纳自己、相信自己是对世界、对自己最好的爱。

1

我们都在按自己的剧本生活，

而生命是完整的、丰富的。

左脑，右脑；左眼，右眼；左手，右手；左脚，右脚；理性，感性；安全，冒险。

喜欢冒险的人，

一直在冒险中生活；

喜欢安逸的人，

一直在安全中度过。

一些人虽然身体健全，但好像一直只使用一条腿走路，只用一只眼看世界，他们的人生过得很单调，很乏味。

如果一个人理性与感性相结合，身心连接，意气相互结合，安全和冒险交替体验，那么他不但会体验到更多精彩的发生，而且也会更轻松、更自由。

就像白天和黑夜一样，有休息、有活动，每一刻都是全新的。

如果你感性与理性并用，

安全和冒险都有体验，

你就不会执着于好与坏、对与错、生与死，你的生命就可以安住当下，享受此刻。你会成为一切的中心，会散发无限的魅力。

2

生命是矛盾的、冲突的。

没有不爱，也没有最爱；

你恨的有可能变成你爱的，

你爱的也有可能会变成你恨的；

没有绝对的好，也没有绝对的坏。

如果有，一定不是真实的存在或只是你的定义。

生命是流动的，

这一刻相爱，不代表下一刻还会相爱，

这一刻憎恨，不代表下一刻不会相爱，

错过了当下，就错过了生命，

跟随了当下的渴望，就连接了生命。

生命是活生生的，它喜欢温暖、拥抱、被爱，没有谁会拒绝爱。越是拒绝爱的人就越渴望爱。

生命是无限本身，
是一切的延伸，
一切都是生命的表达。
只要我们处在平衡之中，
就回到了生命的中心。
在那里你成了一切。
你就是生命的延续，
完整的存在，
爱上自己，就爱上了一切。

3

生命中所有的挑战都是由我们对生命的认知、对自己的认知不够造成的。

对生命的认识越少，问题就越多，

对自己了解得越少，障碍就越多。

爱是与生俱来的，

但我们却到外面拼命地寻找，一边寻找，一边拒绝；渴望爱，又害怕爱；不想深入自己，连接自己，又想不孤单、不无聊；和自己失去了连接，又想找个故事代表自己。所以左右摇摆，不知所措。

欲望是与生俱来的，

我们只渴望未来，不安住当下。

生命就是矛盾的、冲突的，这很正常。我们学会理解、接受就好了。

回头一看，一切的痛苦、压抑、迷茫、恐惧都是因为对自己不够了解造成的。

了解自己，才能理解别人。
了解伤痛，才能放下伤痛。

当你理解得足够深入，
就回到了深深的平静之中，
就做回了自己，
一切的挑战都消失了。

4

为什么我遇见的都不是美好，都不是爱呢？

——因为你活在了头脑中。

生命是在当下的，

每一刻都不一样。

如果我们不去觉察当下，

就会停留在头脑中。

当我们停留在头脑中，

我们会认为当下的挑战和挫折是因为过往的某些事而造成的，或者把它们归结为过往的某些人，或者觉得是因为自己缺少某种东西。就活在了因果、轮回中了。

其实这些都是我们错失当下造成的。

每一个当下都是开始，

每一个当下都是起因。

当你来到当下，

就对当下的发生有所觉察、有所理解，就会释怀过往的发生。

当释怀过往时，

生命就是全新的开始，

就会重新流动。

每一个时刻都是圆满的，

每一次当下的遇见都是爱。

5

生命就在当下，

它如实地呈现着你的样子、你的状态、你的结果。

难为自己的人是自己，

能帮助自己的人也是自己，

能带领自己走出黑暗的人也是自己。

无论你现在遇到什么挑战和障碍，都是自己给自己创造出来的。

那些成功人士都是发现了某种规律，把自己带出来，踏上了幸福的道路。

那些开悟者、圣人们都是在当下遇见了自己，时刻关注当下的自己把自己带向了何处。

接纳自己，把自己带回来，带到自己渴望的道路上，显现灿烂的生命状态，创造自己的精彩世界。

6

一条小狗对主人的爱充满失望。

它说：

他们总是以自己的方式爱我，

他们只爱我的优点，

他们总想让我满足他们的愿望，

他们的爱总是要回报的，

他们的爱是一个镣铐，

他们的爱就是让我的身体不受伤害，

而我却不能做自己。

它希望自己下辈子做一个独立自主的“人”，只做自己；做一个尊重别人的人，做一个被别人尊重的人。

7

跟随当下的能量，燃烧自己的生命。

生命就像一根正在燃烧的火柴，

一天，不管你怎么选择，夜晚都会到来；

一生，不管你创造了什么，死亡也会到来。

在一天的时光里，

首先要连接自己生命的能量、生命的状态。唱歌、跳舞、写作、洗衣、做饭，这些都是生命的表达，都是生命的创造。

当夜晚到来时，

才会安安静静地进入下一个开始。

你的一生要成为一个什么样的人？

老师、哲学家、舞蹈家、演员、工人……都是一种选择。

安静下来，听从内心的声音，大胆尝试，勇敢前进，你就会成为自己喜欢的样子。这是生命的渴望、生命的呈现。当每个阶段结束时，才会更好地进入下一段全新的旅程。

在有限的时间、空间里创造属于自己的快乐、幸福吧！

8

生命的成长来自当下的觉察。

生命即欲望，

我们只会关注外面的人、事、物，

渴望从外面获得自己的所求，

而缺少对自己的关注。

所以只能在头脑里打转，

所有的事情只在头脑里发生。

即使你知道再多，明白再多，也只是一个想法而已。

即使你经历过很多，

也只是从一个需求换到另一个需求，从故事的一个情节跳到下一个情节当中，并不是当下真正的体验。

就像在做梦一样，很真实，身临其境，但梦一醒发现只是一场梦。生命本身并没有得到真正的改变和升华，到头来也不明白生命及生命的意义。

如果你不明白生命的意义和价值，就没办法活出全新的生命，也没办法绽放全新的生命状态以及拥有全新的生命体验。

觉察是觉醒的开始，
觉醒才是生命的开始。

9

有的人从出生到死亡就挑战重重；

有的人从出生到死亡就一帆风顺；

有的人还未出生就死亡；

有的人出生即死亡。

生命就是这样：

独特的，唯一的，流动的。

然而，我们很多人用生命的长度衡量自己的人生，用得失来看待自己的生命，把最好的存起来，留着慢慢地享受。

生命不是在最开始的地方，

也不是在要结束的时候。

生命就在当下，

只有用“如果生命只有这一刻”的方式来对待自己，对待身边的人，对待工作，对待生活，人生才会发光发热，人生才不会有遗憾。

当你摇摆不定时，就错过了生命的美好体验。

生命就在此时此刻，来不及反应的。

你有没有注意过自己在徘徊时的错过、犹豫时的失去、茫然时的失措?

去勇敢地活出生命的渴望吧，

去勇敢地绽放自己的生命吧，

别让错过成为遗憾。

你一直在舞台上，

随时可以绽放光芒，

因为你就是星光，

去点亮自己的生命，去照亮别人的人生吧!

10

如果你不去觉察自己，

人生就已经注定了：

什么时候出生，什么时候死亡，什么时候痛苦，什么时候幸福，什么时候结婚，什么时候生孩子……

我们人生的剧本是由自己的父母写就的。长大之后我们只是在执行人生的脚本。

就像一部电影，导演安排每一个演员什么时候上场，什么时候下场。我们跟着剧情的跌宕起伏，很认真地推测，深深陷入情节当中。

主人公的结局早已注定，只是我们还在头脑之中，没觉察。

现实中的我们也一样，

一直活在无意识当中，

一直活在命运的河流里，

跟随生命的河流在漂泊罢了。

去觉察自己的人生，

成为自己，才能演绎好任何角色。

做自己人生的导演吧，演绎自己渴望的人生，演绎自己渴望的角色。

做自己生命的导演吧，每个人的人生都是一部大型剧情电影。

11

如果给你个机会重新来过，你打算怎么度过自己的一生呢?

一些人在带着过往的伤痛前行，前行的路上充满遗憾、冲突、无奈。一边在回忆着过往，一边又想过好现在的生活。这样不但没有连接当下，也不尊重过往，同时也在对抗着未来。

每一刻都是全新的，而那些人一直在自己的头脑当中无法抽离，只能带着过往的伤痛前行，错过了当下，错过了美好，错过了完整。

大家有没有注意，

昨天没有想明白的事，到今天你还在想为什么。

昨晚梦中的场景，早上也不能遗忘。

我们都是延续着过往的能量，重复着过去的思想、情绪、习惯，这样就只能得到过去的结果。

问自己：

如果今天是全新的一天，我打算怎么度过？

如果今天我是全新的我，我会怎样和世界相处？怎样和自己相处？

如果当下是全新的，我会怎样体验当下、连接当下？

每一个当下都是全新的，

每一刻都是完整的，

尊重过去，

放下期待，

活在当下。

12

生命是动态的，

越付出，收获越多；

越敞开，越流动。

越索取，心门就越紧闭。

当心门紧闭，爱就进不来了，生命就不流动了。

时刻去关注自己的内心：做什么，会让自己的内心舒服；做什么，内心是不流动的。

当我们开始关注自己感觉的时候，离开悟就不远了，离真理就近了。

离自己的感觉越近，

就越能活出完整的自己。

感觉到什么，就能活出什么。

就像一个小孩子一样，用感觉思考："噢，我知道了。""噢，我明白了。"

"噢"是感觉的语言，

"噢"是智慧的语言，

"噢"是生命的声音，

它会让你瞬间明白。

如果不能瞬间明白，但你的心门打开了，爱流进来了，一切也就随之而来！

13

一切伤痛都是成就自己的力量，是探索生命意义必经的过程。

不要试图逃避它，对抗它，

要去欢迎它，接受它。

它会是你遇见全新自己的开始，

它会带着你遇见光明，

它在滋养着全新的生命。

觉知的生命是光芒，未觉知的生命是伤痛。

14

我们都在得到和失去之间徘徊，

得到开心，失去难过，

得到真的开心吗？

失去真的难过吗？

很少有人觉察自己内心的感受，只是一味地追寻。

寻找就会失去，

你在得到时，也在失去；

你得到多少，就会失去多少；

走得越远，错过的也就越多；

在错过中，也在得到；

在失去中，也在拥有。

你就是中心，

不会真正得到，

也不会真正失去。

当下认为重要的，

也许在未来都是不重要的。

人生最重要的到底是什么？

如果你不知道生命中最重要的是什么，就会处于矛盾、冲突、徘徊、摇摆、迷茫之中。

想得到，又不敢前行，

想要拥抱，又不好意思敞开，

想要爱，内心又深深地紧闭。

一边寻找，一边错过。

停下来问自己：对你来说，生命中最重要的是什么？

如果你真的知道人生中最重要的是什么，你就放松了、平静了。

如果你真的知道生命中最重要的是什么，你就在生命的河流里了，你也就解脱了。

如果你真的知道人生中最重要的是什么，你也就会生活了。

其实，你就是你所追寻的。

15

生命是一个过程，

每一刻都不一样，

每一个发生都是自我的遇见、自我的转换。

如果能跟随当下的指引，

在当下的发生中学习，

在当下的发生中成长，

很快你就会走向觉醒之道、光明大道、解脱之路。

觉察当下的发生，

欢迎、信任、接纳每一刻的发生，它都在指引着你走向圆满。

觉察当下的发生，

带着感受，带着觉知，转化内心的伤痛，走向自由之路。

觉察当下的发生，

成为全新的自己，遇见全新的世界。

16

越没有什么，

就越想要什么。

无知的人渴望无限的智慧，

压抑的人渴望敞开的心扉，

无聊的人渴望幽默风趣的生活，

内心匮乏的人渴望无限的丰盛和富足，

内心脆弱的人渴望坚强无畏，

迷茫无助的人渴望有一个明确的方向，

恐惧对抗的人渴望有个依靠，

懒散的人渴望自律。

那些智慧、风趣、富足、坚强、有明确方向的人内心深处也有深深的对立。

平静的人渴望精彩、挑战、刺激的人生，

有明确方向的人渴望“人生得意须尽欢，莫使金樽空对月”。

丰盛富足的人觉得平平淡淡才是真，

自由自在的人渴望不断成长、成熟的人生，

智慧的人觉得开心、快乐就挺好。

圆满、智慧、自由、丰盛……这些在哪里？

这些不在天涯海角，就在心里。

最真的爱就是从头到心的转变，生命在每一个当下。

17

生命是一条河流，如果你允许自己流动到当下，你会发现一切的发生都是精彩的人生，自己只是一面镜子，映照着一切的发生。

鱼儿自由自在，小蝌蚪在找妈妈，青蛙在荷叶上晒太阳，河边的柳树在亲吻着河水。旁边的大爷大妈正在种着庄稼，小孩子们在河里游泳的游泳，抓鱼的抓鱼。前面的农院里炊烟升起，妈妈、爸爸烧着锅做着自己爱吃的饭菜。路上的行人被河边抓鱼的孩子吸引了，停下脚步向前打了个招呼。有个邻居路过说：“你娘喊你回家吃饭呢。”我起身，边走边唱，一路蹦蹦跳跳地回到了家里。爸妈已经端着面条，在门口和一群人边吃边聊。老妈说：“你的面条在锅台上。”

跟随着这个发生，把自己带回到当下，此刻你便知道了生命的意义，那就是不断让自己完整的过程。你也会认识到真正的自己，你是“觉知”，你是爱，你是一切，一切都是自己；从来都没有伤害，伤害只不过是自己吓自己；你成了河流，成了镜子。

18

人类的无知真让人难过

——这好像是现在很多人的想法。

也许你以为的认知才是最大的无知，

我们遇见的无知才是我们的认知，

我们只是没有办法做到尊重自己头脑当中的想法而已。

尊重、信任、允许、接纳、理解、爱、慈悲才是更高的认知。

愿世人都温柔相待，

善待他人，善待自己。

19

怎样才能过好自己的人生?

虽然每个人都有自己不同的见解，但痛苦总是在所难免。

只有成为真正的自己，
尊重一切的发生，
允许不同事物的存在，
理解事物发展的规律，
信任生命，
感知当下，
才能过好自己的一生。

20

对于生命而言，

它本身更值得被尊重，更值得被听见，更值得被爱。

想象一下：一个刚会爬的孩子在你眼前，用你的内在视觉凝视他的眼睛，闻一闻他身上的味道，深呼吸，让气味进入你身体的每一个部位；摸一摸他的皮肤，让这个感觉透过你的手进入你身体的每一个地方，感受一下他的状态，成为他。然后，再感受一下身边人的行色匆匆。

放松，放松，和小小的生命连接一下。

你有多久没有停下脚步来感受感受自己了，

你比其他一切都重要。

连接内心，让爱流动。

21

如果我们能觉察到自己的思维模式、情绪状态，接受自己的旧有的习惯，用全新的状态拥抱过往的发生，那么我们就有了全新的开始。

生命是一个不断升级的过程。
过往的经历是我们最好的老师，
感谢过往的发生。

感恩过去，是开启全新旅程最好的方式。